LE
COUP D'AUTEUIL
DÉVOILÉ

==

VICTOR NOIR
Et ses Spécialités

PAR

Le colonel Ernest GRÉGOIRE

« Nous ne pouvons pas trahir les droits de la *Vérité*, plus sacrée encore que la *Mort*. »

(Maxime d'un haut-juré de Tours.

« Celui-là est un lâche qui, après avoir été arraché à la dent des loups par un frère inconnu, craint de venir en aide à un frère inconnu attaqué par une meute enragée. »

(Maxime de Severus).

Prix : 60 centimes

———

PARIS & TOURS

Chez tous les Libraires

et chez l'Auteur rue Jacob, 40

PARIS

MOTIF DE CET OPUSCULE

Il y a quelques années, j'étais accusé, arrêté, mis au secret depuis quatre mois ; et chaque matin une légion de journalistes me proclamait révolutionnaire, assassin, traître, et déclarait ne pas comprendre la lenteur apportée au supplice dû à mon crime.

Pour mitiger la sainte colère du peuple, les journaux officieux firent connaître que les généraux formant la haute-cour avaient refusé de rendre une sentence sommaire et que je passerais en jugement, au lieu d'être fusillé, ainsi que le désirait la foule qui venait de lire avec délices dans le *Courrier* : **Le colonel Ernest Grégoire a été fusillé ce matin.**

Quatre mois de secret, sans livres, sans papier, sans air, dépensant 20 centimes par jour, pour bière et pain, — ce régime n'a jamais amené la moindre plainte sur mes lèvres. Aujourd'hui les détenus se plaignent. Le stoïcisme est mort comme la foi.

J'attendais philosophiquement dans ma cellule le sort réservé aux vaincus ; lorsqu'un matin un inconnu me fait appeler au greffe de la maison de force. Il me considéra un instant et puis me dit : « Quel effet produit sur vous le flot d'infamies que la presse déverse sur vous ? — Aucun journal n'entre ici, répondis-je ; et je ne tiens pas à savoir ce qui s'y écrit Je désire mourir calme ; j'attends l'arrêt. Vous avez l'air d'un digne homme, rendez-moi un service. Ecrivez à ma jeune femme (elle a 19 ans) comment vous m'aurez vu recevoir la mort. — Vous ne serez pas condamné, s'écria l'inconnu, en me saisissant les mains ; je m'attache à votre défense, vous serez absous ; oui absous, malgré le pouvoir exécutif qui a osé faire une proclamation qui vous condamne avant jugement en disant : **La peine suivra le crime.** »

Le Crime !... C'est aussi ce mot que tous les ournaux enragés jettent chaque matin dans leur public, pour produire une fermentation factice contre l'accusé Pierre Bonaparte.

Eh bien ! ce que le digne inconnu a fait pour moi, je vais, moi, essayer de le faire dans la mesure de mes faibles moyens.

Le digne citoyen qui est venu me tendre la main dans la maison de force, l'avocat Napoléon de Pauw, a démontré que je n'avais viclé aucune loi, que le **crime** que m'imputaient, la plèbe et son pouvoir exécutif, était un fait légitime. Aussi, malgré les efforts désespérés du procureur général, la Cour a ordonné ma mise en liberté.

Ma tâche, à moi, est de démontrer ce qu'il y a de réel dans le drame du 10 janvier 1870, et peu de personnes peuvent mieux que moi dévoiler

Le Coup monté à Auteuil.

Victor Noir m'a été présenté, il y a trois ans, au printemps 1867 ; et à cette relation, qui fut courte, se rattache une circonstance qui jette une vive lumière sur la question du soufflet donné ou reçu par le rédacteur de *la Marseillaise*.

Quinze jours avant que j'eusse vu V. Noir pour la première fois, et dans la maison même oà il m'a été présenté, un dîner avait réuni MM. Emile Gonzalèz, Guéroult, Lermina, Louis Noir, Sauton, et plusieurs autres journalistes et littérateurs.

On parla, entre autres sujets de conversation, de la détresse d'une jeune religieuse, sœur Gasp..., qui avait été amenée à Paris, à force d'obsessions et au moyen de manœuvres qui avaient duré pendant six à huit années.

L'homme, qui avait déterminé la nonne inexpérimentée et d'une intelligence bornée à quitter le voile, lui avait assuré par lettres une position honorable ; mais on devine le reste.

Ces vaillantes plumes résolurent de protéger la victime ; mais la malheureuse serait morte de faim, ainsi qu'une nièce de sept ans qui l'avait accompagnée, sans les aumônes de personnes charitables : elle aurait succombé à une anémie, sans les bons soins du docteur Jahr ; elle ne serait pas parvenue à faire à l'assistance judiciaire la requête qui relate tous les méfaits de son bourreau, sans les généreux conseils de Mᵉ Lenté.

En effet, comment une malade reléguée aux Ternes près des fortifications et pouvant à peine se traîner aurait-elle pu entamer un procès contre un grand seigneur, fort de sa grande fortune et portant à droite les couleurs catholiques et à gauche le panache démocratique. Le *Soleil* de M. de Lermina ouvrit le feu contre le don Juan, mais si d'autres articles avaient suivi le premier, daté du 5 avril 1867, les personnes qui avaient pris les voies légales et délicates pour sauver l'ex-religieuse de l'ordre de la Compassion, se seraient vues dans la nécessité de quitter la partie.

C'est alors que Victor Noir se présenta pour être utile ; il venait de la part de l'un des invités dont la liste est mentionnée plus haut, et que par convenance je ne veux pas désigner par son nom. Il témoigna le désir de me voir, pour se renseigner.

Il vint déjeuner à plusieurs reprises, dans cette maison sans me rencontrer.

Il me trouva enfin, et, en présence d'un tiers, il me dit à peu près ces paroles : « M. de ••• est un abominable drôle; mais il est avare, et la religieuse quoique dans son droit n'aura rien, car elle mourra avant la fin du procès. »

Il n'y a pas le choix entre deux partis, il n'y a qu'un moyen : *l'esclandre*. — Et cela me va.

« C'est la chose du monde la plus simple, ajouta Noir. Je vais chez ce particulier avec un ami, je lui dis : Sœur G... est ma compatriote ; puis à le moindre grimace qu'il fait je lui campe une giffle, et je lui lance cet adieu : « à une prochaine fois, si vous ne tenez pas votre engagement. »

Je ne savais si j'entendais un toqué ou un Don Quichotte. Je préférai admettre la deuxième hypothèse. « Vous vous méprenez, monsieur, lui dis-je, le chevaleresque a fini son temps.

« En outre, ce grand seigneur est un poltron, il ne se battra pas et dans le fait il aurait tort de le faire ; il appellera ses gens et vous irez vous expliquer en police correctionnelle. »

Voici la réponse de Victor Noir et elle caractérise l'homme.

« Si M. de "" ne dépose pas une plainte ; je racon-
terai dans tous les cafés que je l'ai souffleté ; et cela
me posera. Si, au contraire, il se plaint, mon avocat
le mettra dans le troisième dessous, il fera mousser
mon dévouement à une cause d'humanité ; et cela me
posera bien mieux encore.

» Vous paraissez en douter, ajouta-t-il, en aperce-
vant un sourire d'incrédulité sur mes lèvres. Eh bien !
jugez vous-même. Je vois là-bas sur ce meuble un
tome de la Biographie générale que j'ai feuilleté, il y
a quelques jours en vous attendant.

» Voici la notice consacrée à un homme qui a été
préfet de police, ministre et qui est sénateur ; cette
notice de M. de Maupas n'a que trente lignes. Voilà
la biographie du marquis de Maubreuil, mort en
1855 ; il n'est connu que par le soufflet qu'il a donné
au prince de Talleyrand. Sa notice tient cinq co-
lonnes de 80 lignes chaque. »

» M. de Maubreuil n'est pas mort, répondis-je, et
puisque vous êtes fournisseur de *faits divers*, vous
pouvez utiliser ce redressement de l'erreur du bio-
graphe.

« Mais la voie de fait dont il s'est rendu coupable lui a attiré cinq ans de prison. »

» A notre époque, les coups ne sont pas tarifés si haut. J'attrapperai peut-être 6 mois, un an au plus, Mes amis viendront me voir, et on parlera de Victor Noir. »

L'esclandre n'eut pas lieu ; par égard pour la pauvre nonne, je veux bien dire ce qui l'empêcha d'être réalisée.

Maintenant, que le lecteur rapproche ce projet avorté, du fait analogue dans lequel le même Noir a figuré avec MM. Blavet et Rochefort ; et que le bon sens juge le 3ᵉ fait : celui d'Auteuil.

Ne découvre-t-on pas là une spécialité bien marquée : *un appétit maladif de notoriété ?*

J'ai fait ce récit avec la plus grande modération. Je vais rappeler avec le même calme, certains antécédents de Victor Noir, cette victime dont on veut faire l'idole de toute la France et le modèle de la jeunesse.

Je ne tranchai pas mes rapports avec V. Noir, mais je les dénouai peu à peu. On le recevait toutefois dans la maison où il avait formulé son étrange proposition.

Le motif était humain ; le *Soleil* ne donnait pas à son *reporter* les deux repas quotidiens dont parle je ne sais quel marchand d'alinéas invraisemblables. Aussi le grand garçon qui venait de Passy, toujours crotté, souvent mouillé, dévorait, plusieurs fois la semaine, des radis, un peu de viande, du pain autant qu'en avalent deux limousins et prenait à peine un verre de vin. Il était sobre.

On ajoutait à cette hospitalité écossaise quelques nouvelles pour son journal, et notamment les entre-filets, dans lesquels il enseigna la géographie à M. Vilbort du *Siècle*, entrefilets qui se trouvent dans le *Journal de Paris*, auquel Victor Noir fut attaché, après le coucher du *Soleil*.

Sa position s'améliora graduellement ; il raréfia ses visites ; puis il les cessa complètement, sans prendre congé. On lui sut gré de la délicatesse, et l'on passa l'éponge sur le manque de savoir-vivre.

Cette réserve, favorablement interprétée, ne permit pas à l'amphitryon de comprendre son jeune hôte parmi les personnes qui furent soupçonnées d'avoir pillé çà et là les étagères. On aurait plutôt soupçonné une vieille gouvernante, qui est la probité même.

Quelques semaines, peut-être même plus d'un mois après, j'allais à la rédaction d'un des journaux qui ont leur bureau rue Coq-Héron. L'entrée de la porte cochère était barrée par une charrette ; je passai par le café qui communique avec l'escalier. Près du comptoir du café, était assis Victor Noir ; il tenait un papier d'une main, de l'autre il jouait avec un petit chef-d'œuvre qui avait disparu de l'étagère.

Je m'arrêtai, le jeune journaliste m'aperçut. Il y eut alors ce que les feuilles légères appellent :

Tableau.

Je dis à haute voix : En rapportant cet objet égaré, vous ferez rendre l'honneur à plusieurs personnes qui sont soupçonnées. J'annoncerai votre visite dans une heure.

Victor Noir fut exact ; il rapporta le petit bijou, et il put entendre ces mots adressés à la vieille gouvernante : Vous voyez bien, madame Petit, que cela n'avait pas été fait par la couturière, ni par le frotteur.

Autre anecdote qui témoigne, du reste, de la bonne

harmonie entre les divers organes de la libre pensée et de la morale indépendante.

J'étais occupé, dans les bureaux d'un journal, à décrire un fait, qui s'était passé à l'étranger, quand un monsieur, dont je ne savais pas le nom, et que je connais maintenant, entra et dit : Je viens vous prier de ne pas publier la condamnation de Noir. — L'article est composé, il passe ce soir, répondit le rédacteur. — Mais c'est un confrère, reprit le monsieur qui était, lui, un des rédacteurs du *Réveil* ; je vous prie de faire ce que je vous demande à titre de service personnel.... La condamnation est un secret pour le public, car elle n'a pas été publiée.

Le procédé est adroit ; les frères et amis restent immaculés, et on leur érige des autels.

M. de Suttières affirme que la France ne va plus à la messe ; on la convoque, en revanche, à s'agenouiller devant un monument dont les pierres viennent se ranger au son de la lyre des Néo-Amphions.

En résumé, la question du soufflet donné à Auteuil, le 10 janvier 1870, se réduit à ceci.

1º Est-il admissible qu'un homme prompt, violent, ayant une arme, ira commencer par donner un coup inutile, imprudent, puisque par là il donne à deux adversaires qu'il peut supposer armés le temps de le prévenir ?

2° Est-il présumable que Noir, que chacun connaît, ait attendu placidement un soufflet préalable et un coup de feu, sans se jeter sur le prince Pierre ?

3° Enfin, quand a-t-on vu quatre hommes vigoureux se rendre chez un adversaire pour lui remettre un cartel, et y aller armés?

Il est évident que le pauvre Noir a rêvé la célébrité de Maubreuil, marquis d'Orvault, et qu'en voulant s'élever, il a eu le sort d'Icare.

Ces pages étaient écrites, il y a deux mois ; elles ne purent être publiées : les 6 imprimeurs auxquels je me suis adressé étaient intimidés par le langage menaçant des *feuilles à tout faire*.

Plus tard, je m'adressai à un autre ; il se borna, pour toute réponse, à me montrer un passage d'un journal dont voici le sens : Si quelqu'un parle autrement que mon frère, je suis *caché près de ces lieux*.

Ce passage se terminait ainsi textuellement : « *A bon entendeur salut !* »

J'ai abandonné depuis 18 années, tout ce qui se rattache à la politique ; c'est-à-dire depuis qu'un acte arbitraire, odieux, a été commis chez moi par un haut et puissant personnage, au profit d'un sacripant flétri depuis par arrêt de la Cour.

Mais, tout en m'étant désintéressé de ce qui afflige le chef auquel j'ai vainement demandé justice, je reste un citoyen libre et je répète avec M. Frédéric Morin :

La vérité est plus sacrée encore que la mort.

PARIS. — IMP. A.-E. ROCHETTE, 72-80, BOUL.^d MONTPARNASSE.